かさおばけ
P11

風船おばけ
アラカルト
P14～15

つるしおばけ
P26

くぐって
ジャンボおばけ
P32～33

大首おばけ
P10

もしゃもしゃ
P24

なんにでもおばけ
P12～13

おばけぐも
P27

うちわおばけ
P25

大口おばけ
P17

新聞紙おばけ
P20

サンドイッチ
おばけ
P30

おばけの森
P18～19

虫おばけザムザム
P16

おばけトンネル
P22～23

あけてあけて
おばけ
P21

こわ～い墓地
P28～29

おばけ大集合

おばけやしきを作っちゃおう！

著 山本和子・あさいかなえ

チャイルド本社

おばけやしきを作っちゃおう！ おばけ大集合 もくじ

おやっ、ぶきみなおやしきがありますよ。
なんだか、ぞくぞくしませんか？
そうです、ここはおばけやしきなんです。
どんなおばけたちが住んでいるのかな？
さあ、とびらを開けてみましょう！

シーツおばけ	P48
こなきじじい	P55
伝説のドラゴン	P56〜57
回転ドアおばけ	P38〜39
百目おばけ	P45
バケぎつね	P46
かわいい鬼さん	P52
のっぺらぼう	P44
ぬりかべ	P50
からかさおばけ	P47
魔女	P54
カラービニールおばけ	P49
壁	P62
通路	P60
入口・出口	P63
ぞくぞくおばけやしき	P68〜69
床	P61
楽しいおばけやしき	P64〜65
ドキドキおばけやしき	P66〜67
さらにこんなことを！	P70〜71
ミラーおばけ	P34
影絵おばけ	P35
ろくろっくび	P31
ジャンボ鬼	P37
ドラキュラマンとコウモリちゃん	P58
ゆうれい船	P40〜41
おどるガイコツ	P42
古井戸おばけ	P51
おばけ花	P36
ガイコツマン	P53

おばけ大集合

おばけやしきを作っちゃおう！

おばけ作りを楽しんでもらうために、
この本を作りました。

かわいいおばけから、こわいおばけまで勢ぞろい。
いろいろなタイプのおばけを登場させました。
ひとつのおばけでもわくわくですが、
いくつか組み合わせて、コーナーや部屋をおばけだらけにすることも！
もちろん、おばけやしきの計画もオススメです！
行事や劇にも、ぜひ活用してみてください。
いっしょにおばけを作ったり、なりきったりの楽しい「おばけ体験」が、
みんなのなかよしの輪を広げてくれたらいいですね。

山本和子

本当のおばけはこわいけど、こんなおもしろおばけたちなら、
「わっ」と驚いたり「きゃーっ」と叫んで逃げ回ったり、
子どもたちに大受け間違いなしです。
材料は、おうちにあるものや、
100円ショップで簡単に手に入るものがほとんどです。
この本のおばけたちに工夫を加えて、
ぜひオリジナルおばけにも挑戦してみてください。

あさいかなえ

おばけを作ろう

簡単に作れるおばけから、手の込んだおばけまで。
子どもの作品を利用してもOK、
ディスプレイにも活用できます！

大首おばけ

**目の前にドーンと登場すると迫力満点。
少しくらいぶつかっても、大丈夫！**

ドーン！

大きさや色も変えて、遊んじゃおう！

材料
- カラーポリ袋（2枚）
- 新聞紙（エアパッキン）
- 画用紙
- スズランテープ
- 色画用紙

作り方

1 カラーポリ袋に丸めた新聞紙かエアパッキンをつめる。下の角は丸くなるように、折り込んでとめる。

2 袋の口をしっかりしばる。
目と舌 画用紙と色画用紙で作る。

3 パーツをつける。
髪 スズランテープをさく。

耳と鼻 同じ色の別のカラーポリ袋で新聞紙をくるみ、はりつける。

かさおばけ

クルリと回すと顔が変わるのが、ポイント。
見ているだけでも、楽しめるおばけです。

こわい顔に変身！

必ず先がとがっていない安全な傘を使おう

材料
- 子ども用傘（1本）
- 古ストッキング（1足）
- ティッシュペーパー
- 段ボール
- ひも
- 画用紙
- 色画用紙

作り方

頭 傘先は筒状にした色画用紙をかぶせる。葉っぱの形に切り、傘先のまわりを飾る。

顔 目、口を画用紙と色画用紙で作ってはる。

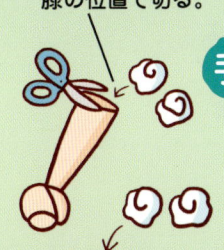

手 ストッキングを膝の位置で切る。切りとったストッキングの上部にティッシュペーパーをつめて、先を結ぶ。これを2つ作る。

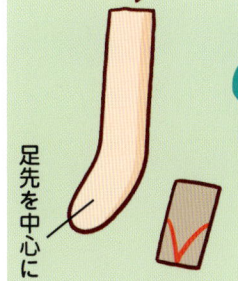

足 足先を中心に。ストッキングの足の部分にティッシュペーパーをつめる。段ボールとひもで作った下駄をはかせる。これを2つ作る。

11

なんにでも おばけ

着せるもの、はりつけるものを変えると、どんな姿にもなる、便利なおばけ！

共通の材料
- 画用紙
- 色画用紙
- ポリ袋（大・小）
- 棒

エアパッキンや新聞紙、ティッシュペーパーを中につめ込み、形を作る。

手足には、古ストッキングやポリ傘袋も利用できるよ！

基本の形

ポーズをつけてみよう！

ミイラ男

ぼくこわいでしょ

白のビニールテープをぐるぐる巻きつける。色画用紙で顔を作ってはる。

おひめさま

不織布や古ストッキングなどを利用して、基本の形を作る。画用紙と折り紙でティアラを、スズランテープで髪を作る。不織布や色画用紙で顔、洋服を作る。

かわいい？

宇宙人

はっぱららら

カラーポリ袋で頭、胴、足6本を作る。モールの先にアルミホイルを丸めてはりつけ、わりばしに固定して頭にさし込む。色画用紙で目や口、星を作ってはる。

×□△＊○

はっぱおばけ

色画用紙で葉っぱをたくさん作ってはりつける。目、口、舌も色画用紙で作ってはる。

風船おばけアラカルト

ぷわんとした風船は、おばけにぴったりの素材。
カラフルなので、飾りつけにも利用できます。

ヘリウムガスを使えば、浮かせることもできるよ

こわそうな顔を作ってみよう

割れやすいので予備の用意をお忘れなく

モールの先に発泡スチロールをつけて、手を作る。
頭のてっぺんはカラーセロハンで飾る

共通の材料
- 風船各種
- 画用紙
- 色画用紙

目と口をはりつけ、メッキモールを頭の部分につける

髪はスズランテープ、目と舌は画用紙と色画用紙で作ってはりつける。
下にビニール手袋をぬらしてつけると、雰囲気満点！

ポタ
ポタ

風船に少し水を入れてしばる。しばった口に輪ゴムをつなげてゆれるくらいの長さにする。風船と同色の輪ゴムを使用すると、仕上がりがきれい！

棒の先を持ってゆらすと
ユーラユーラ

ユーラ

ユーラ

長い風船（5本）を使用。軍手の裏に指1本ずつにしっかりテープでとめる。目を色画用紙、口をモールで作って軍手の表にはりつける

キャー

15

虫おばけ ザムザム

中に入ってズリズリ〜。
人気ナンバーワンの
動かすおばけ！

ザザザッ

おもしろーい！

ザザザッ

目を動かして遊ぼう！

材料
- 段ボール
- 色画用紙
- 新聞紙
- 丸い発泡スチロール（4個）
- スズランテープ
- ラシャ紙
- モール
- わりばし

作り方

1 段ボールの底面を切りとり、ギザギザ部分を作ってはる。上面は顔を出せるような穴を開け、開閉できるように1か所だけとめる。全体にラシャ紙をはり、華やかに。左右には手を出せるように穴を開ける。

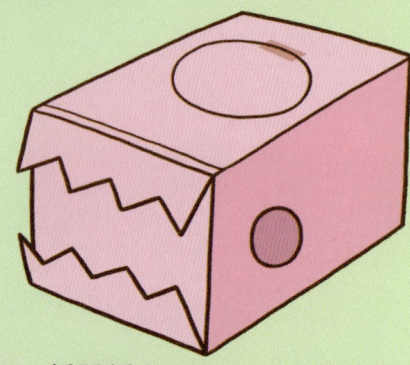

2 新聞紙をくしゃっと丸めラシャ紙で包み、カラフルになるように飾りつける。足は色画用紙で作る（4本）。前面には、細い穴を開けて筒をとりつけ、中から息が吹きつけられるようにしておく。丸い発泡スチロールにモールをさして目を作り、わりばしをさし込む。

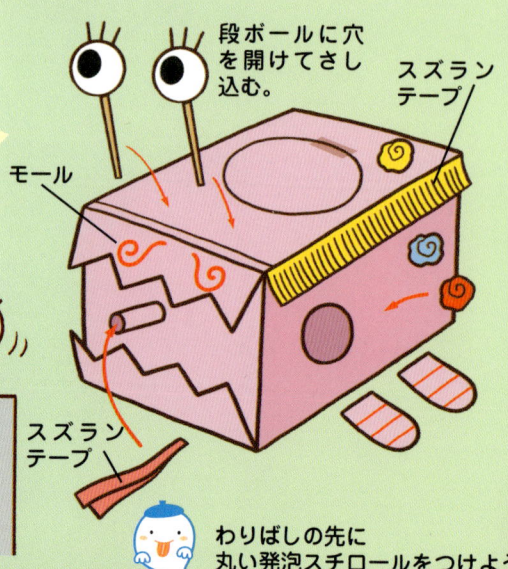

段ボールに穴を開けてさし込む。

モール

スズランテープ

スズランテープ

わりばしの先に丸い発泡スチロールをつけよう

大口おばけ

ガオ〜、食べちゃうぞ！
大きな口をタイミングよく引っ張って！

ガオーーン

洗面器などを利用して
小さいサイズにしても楽しい！

テープなどで下を固定させておこう

材料
- 段ボール
- 折り紙
- 色画用紙（ラシャ紙）
- たこ糸
- 丸い発泡スチロール（1個）
- 三角錐の発泡スチロール（4個）
- ストロー

作り方

1 同じサイズの段ボールを2枚、はりあわせる。

2 丸い発泡スチロールを半分に切って目を2つ作る。丸めた折り紙を背中部分にはる。たこ糸を内側でとめ、はりつけたストローの中を通して、引っ張ると口が開くようにする。

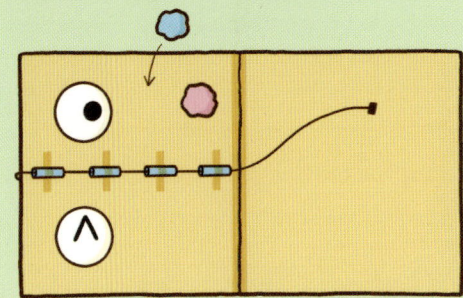

3 三角錐の発泡スチロールでキバを4本作る。赤い色画用紙で舌を作り、先を丸めておく。

おばけの森

ファンタジックなおばけの森で遊ぼう！

背景は緑の布や、ビニールシートを利用して！

作り方

おばけの木
- ハンガー
- ラシャ紙
- 段ボール
- 棒（2本）
- 画用紙
- 色画用紙

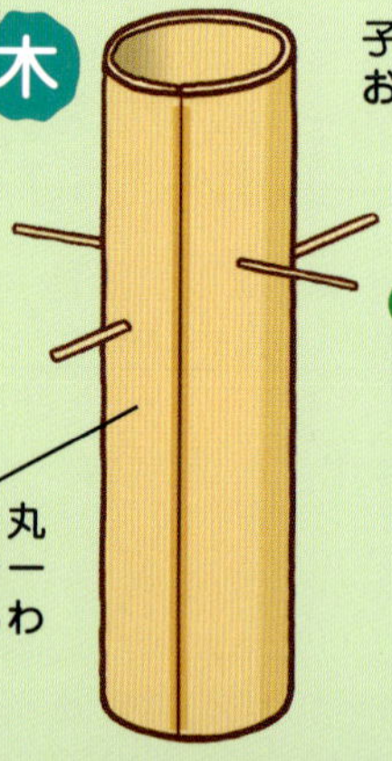

段ボールを丸めてガムテープではりあわせる。

子どもたちのかいたおばけの絵をはる。

草むら
段ボールを切って、緑のビニールシートを表面にはる。

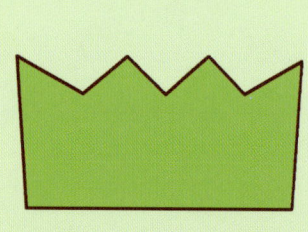

おばけきのこ
カップ麺の容器をラシャ紙などでくるみ、飾りつける。紙コップで支える。

動くおばけの木

- 段ボール
- 画用紙
- 色画用紙
- ビニールシート（緑）
- 軍手

持ち手をつける。

段ボールに緑のビニールシートをはる。

顔を作る。目は丸い発泡スチロールを半分に切って作ってもOK。

立たせるときはブロックで支えてね！

ビックリさせるときは、後ろでおさえて、**パッ**とはなすよ！

おばけちょうちょうとコウモリ

- 画用紙
- 色画用紙
- モール
- わりばし

モール

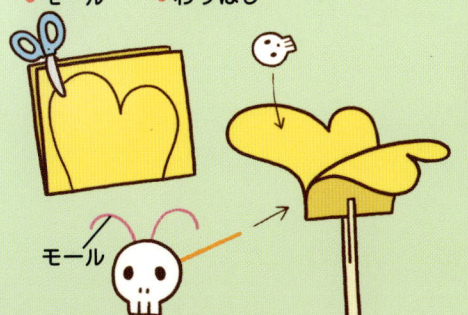

色画用紙を半分にしてちょうちょうの羽を作り、わりばしにさし込む。モールをガイコツの後ろにはりつけ、羽の間にさし込む。

コウモリも同様に作る。

新聞紙おばけ

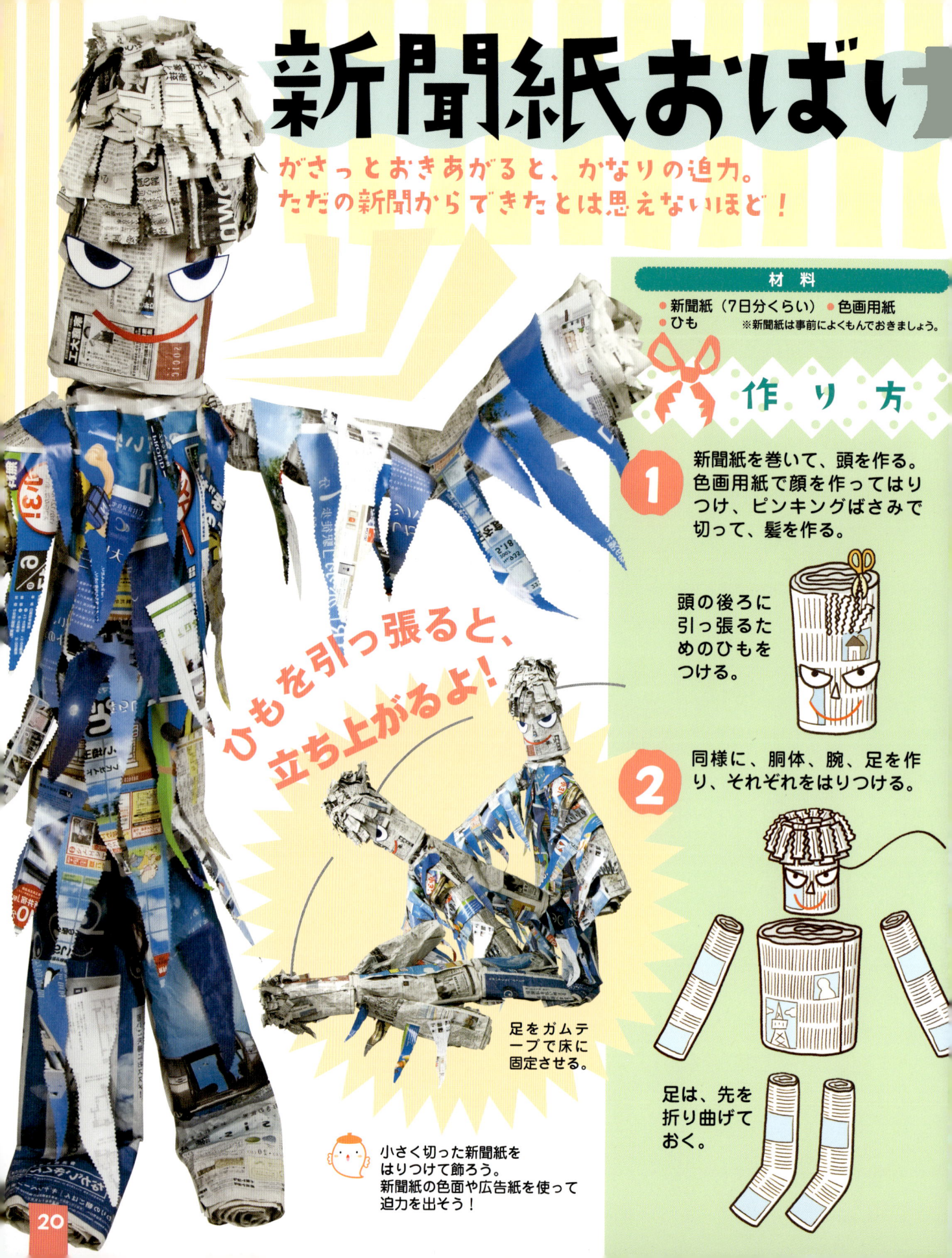

がさっとおきあがると、かなりの迫力。
ただの新聞からできたとは思えないほど！

ひもを引っ張ると、立ち上がるよ！

足をガムテープで床に固定させる。

小さく切った新聞紙をはりつけて飾ろう。新聞紙の色面や広告紙を使って迫力を出そう！

材料
- 新聞紙（7日分くらい）
- 色画用紙
- ひも

※新聞紙は事前によくもんでおきましょう。

作り方

1 新聞紙を巻いて、頭を作る。色画用紙で顔を作ってはりつけ、ピンキングばさみで切って、髪を作る。

頭の後ろに引っ張るためのひもをつける。

2 同様に、胴体、腕、足を作り、それぞれをはりつける。

足は、先を折り曲げておく。

あけてあけて
おばけ

開けるだけで、ドキドキの参加型おばけ。
子どもの作品も楽しく活かせます。

きれいな箱の中に入れちゃおう！

紙粘土を使って、いろんなおばけを作ろう！

画用紙の帯を交互に折ってばねを作り、飛び出すしかけにします。おばけは上のふたにゴムやたこ糸で固定します。

カップ麺の容器を折り紙でカラフルに！

鍋焼きうどんのアルミ容器

上のふたには、モールで持ち手をつけるよ

開けてビックリ！

わぁーかわいいっ！

21

おばけトンネル

段ボールの組み合わせは自由自在。
一回作れば、日常的に楽しめちゃう！

出口いろいろ

材料
- 段ボール
- カラーセロハン
- 不織布
- スズランテープ
- 鈴（10個程度）
- ゴム手袋
- カップ麺の容器

作り方

1 大小の段ボールを組み合わせ、子どもが楽に通れる穴を開けておく。側面にも丸い窓を開ける。

2 目と口の形に切りぬいて、内側からカラーセロハンをはる。手の形を作り、はりつける。

窓の外から
モップや湿ったスポンジで、
ビックリさせることも
できます！

窓を開けておくなど、こわがりやさんへの配慮を忘れずに

こちょこちょ

ぴちょぴちょ

簡単トンネルも！

テーブルなどを利用すると、
簡単に作れます

1つだけの小さなトンネルでも、
大規模につなげてもスリル満点

トンネルの中は、
ほら！

3 鈴をつけたスズランテープを数本、入り口に下げる。
出口は、不織布をのれんのようにたらす。
中に「ぬれたゴム手袋」や「カップ麺の容器に顔をつけたおばけ」などをつるす。

外面に色画用紙で飾りつけをすると、カラフルになるよ！

もしゃもしゃ

スズランテープから、かわいいおばけが誕生です。
子どもでも簡単に動かせます。

シャワシャワシャワー

棒を上げ下げすると
もしゃもしゃがすべるよ

材料

- スズランテープ
- 画用紙
- 棒（2本）
- ひも
- 毛糸
- ペタペタハンド
  （100円ショップなどで
  購入できます）

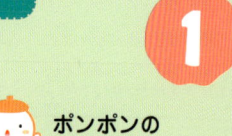

作り方

① ポンポンを作る方法でスズランテープをほぐす。てっぺんに輪を作っておく。

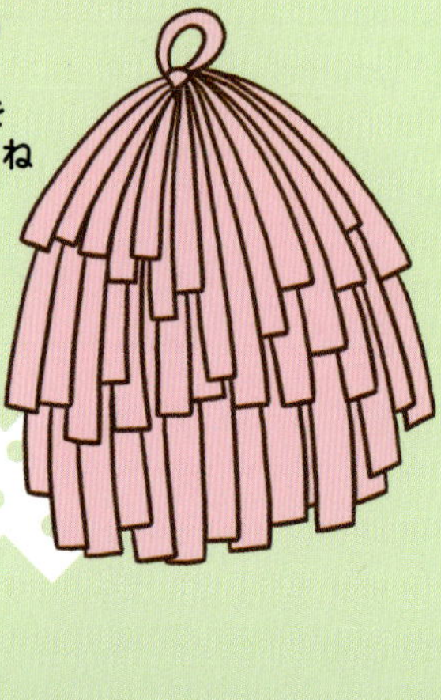

ポンポンの作り方は55ページを参考にしてね

② 画用紙で目を作ってはる。毛糸で口を作ってとめる。ペタペタハンドを足に見立ててつける。

てっぺんの輪にひもを通し、ひもの両端に棒をとりつけたら、完成！

うちわおばけ

ふつうのうちわが手軽に変身！
みんなで持つと、おばけムードが高まります。

鈴がチリチリ鳴って
かわいいよ！

材料
- うちわ
- 色画用紙
- 毛糸
- 画用紙
- 鈴

作り方

黒猫
色画用紙で猫の顔を作り、うちわにはる。柄の部分に毛糸を巻きつけ、鈴をつける。

おばけ
おばけの顔を画用紙と色画用紙で作り、うちわにはる。手が前にたれ下がるようにはりつける。

小鬼
鬼の顔を画用紙と色画用紙で作り、角の下に毛糸の髪をはる。耳には毛糸をつけ、先に鈴をつける。

かっぱ
かっぱの顔を画用紙と色画用紙で作り、うちわにはる。口は図のように中央で山折りにして立体感を出す。

25

つるしおばけ

身近な素材にちょっと手を加えるだけで、かわいくてユニークなおばけに変身！

子どもたちの作品をモビール風に！

ペットボトルや紙粘土でも！

材料
- 竹ひご
- たこ糸
- 画用紙
- 色画用紙
- カップ麺の容器
- スズランテープ
- 小さなざる
- モール
- 発泡スチロールのトレイ
- エアパッキン

完成したおばけを、たこ糸と竹ひごでつるしてみよう

真ん中が山折り、両端は谷折り。

作り方

カップ麺の容器に目をつけて、スズランテープの足を容器の中につける。

小さなざるに、画用紙と色画用紙で目を、モールで口と手を作ってはる。

エアパッキンのすそをしばる。画用紙と色画用紙で目、口、モールで手を作ってはる。

トレイをきれいに洗って、画用紙と色画用紙で目、口、手を作ってはる。

おばけぐも

作りがいのある大物おばけ。
おばけやしきの主役級！

キャー！

わぁ——

ポリロープで、天井からつり下げるよ

いろんな顔を作ってみて

目は画用紙で作る。

タイツにティッシュペーパーをつめて作る。

材料
- ポリ袋（黒・2枚）
- わりばし（8本）
- 蛍光テープ（黄）
- ポリロープ
- 新聞紙（エアパッキン）
- 黒いタイツ（5足）
- 画用紙
- ティッシュペーパー

作り方

1 ポリ袋に新聞紙かエアパッキンをつめて、口をしっかりしばる。

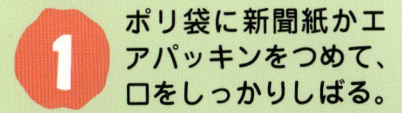

2 タイツに新聞紙をつめて足を作る。
長い前足2本、短い足6本。

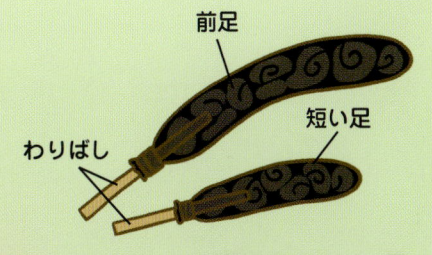

前足　わりばし　短い足

3 顔は、パーツを作ってはり、胴体とはりあわせる。
足は、わりばしにボンドをつけて胴体にさす。
背には蛍光テープをはり、ポリロープをつける。

こわ～い墓地

きもだめしにぴったりの和のおばけセット。

おいでおいで～

きゃあ

こわいなあ

ここから手を出すよ！

作り方

おいでおいでおはか

段ボールに灰色のラシャ紙をはる。表裏ともに手が出る大きさの穴を開ける。開閉できるように上部だけ残して切りぬく。

段ボールを切って、卒塔婆を作る。

蛍光テープを切って目を作る。

トイレットペーパーの芯をアルミホイルで包む。

棒に新聞紙を巻いて、白手袋に通す。

ティッシュペーパーをつめて立体感を出す。

ほうきをばらして何本かを束ねて、棒にテープでとめ、ススキにする。

ブラックライトで光るよ！

こうやってゆらすよ！

ちょうちん

ちょうちんを切って、色画用紙で作った赤い舌を中にはる。

画用紙で目を作る。

竹ひごの先にたこ糸で結ぶ。

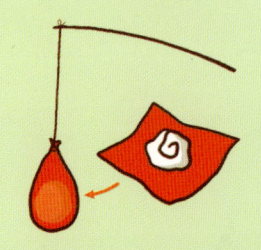

ティッシュペーパーを赤いセロハンで包み、竹ひごの先にたこ糸で結ぶ。

ゆれるおはか

段ボールに灰色のラシャ紙をはる。

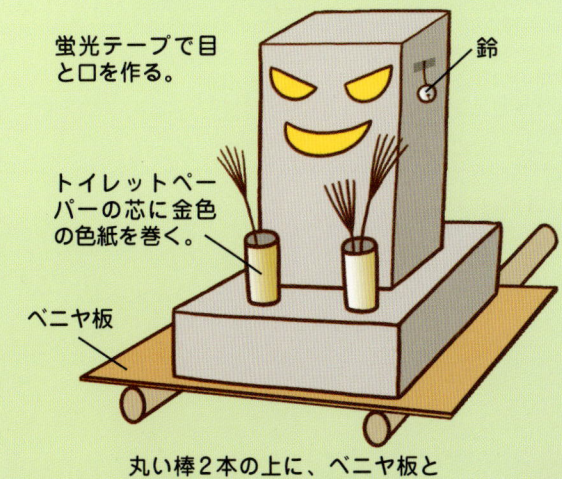

蛍光テープで目と口を作る。

鈴

トイレットペーパーの芯に金色の色紙を巻く。

ベニヤ板

丸い棒2本の上に、ベニヤ板とお墓をのせ、動かせるように。

草むら

段ボールを切って、緑のビニールシートを表面にはる。

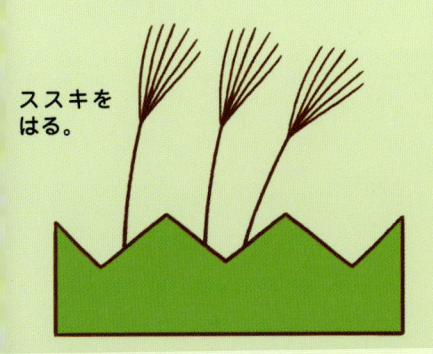

ススキをはる。

柳

緑のモールを数本つなげたものに色画用紙で作った葉っぱをはりつける。
すだれを巻き、てっぺんにモールをさし込む。

29

サンドイッチおばけ

おばけに食べられちゃう～～。
小さな子どもにも安全に楽しめます。

色がきれいだから、こわくないね！

パクリ

食べられちゃった～～

ぼくも
パクッと
したいなあ

材料

- 新聞紙（エアパッキン）
- カラーポリ袋（4枚）
- 発泡スチロール
- 色画用紙
- 手芸用ボンボン

※発泡スチロールは目用（丸1個）と歯用を用意しましょう。

作り方

1 カラーポリ袋を二重にして新聞紙かエアパッキンをつめる。透明のガムテープでしっかりとじる。

2 2つできたものをはりあわせる。

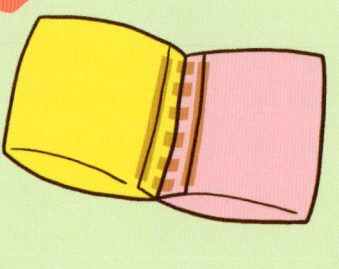

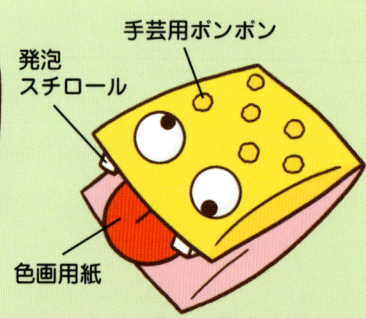

手芸用ボンボン
発泡スチロール
色画用紙

3 丸い発泡スチロールを半分に切って、目を作る。それぞれのパーツをはりつけて、完成。

ろくろっくび

にゅるるっとのびる長〜い首。
おばけのアイドルが、簡単に作れますよ。

首は、シャツの袖を利用すると簡単！

ひゅるるるるる〜

キャーっ！

材料

- 子ども用ゆかた・帯
- 白い布
- 毛糸
- 色画用紙
- ポリ袋（レジ袋）
- 新聞紙（エアパッキン）
- 画用紙
- 棒（2本）

作り方

1 顔、首を白い布で、胴体はポリ袋で、それぞれを作り、新聞紙かエアパッキンをつめる。目や舌などを画用紙や色画用紙で作ってはる。髪は毛糸をたらす。

2 パーツをぬってつなげ、ゆかたを着せる。袖口に画用紙で作った手をはりつける。胴体と頭の後ろにそれぞれ棒をつける。

体をまっすぐに安定させるこの棒は、手で持っても固定させてもOK！

くぐってジャンボおばけ

おばけの体をくぐっちゃおう！
楽しさいっぱいの体感型おばけ。

一度に何人も入らないようにしてね

材料
- エアパッキン
- 画用紙
- カラーポリ袋
- 色画用紙
- カラーガムテープ

作り方

1 エアパッキンを輪にしたものを、カラーガムテープではりあわせる。

つなぎ目ごとにガムテープの色を変えると、カラフルでかわいいおばけができるよ！

短くしたり

長〜くしたり

通気穴は必ず開けてね！

たのしーい

2 手はカラーポリ袋やカラーエアパッキンで作る。

3 画用紙で目を作ってはりつける。

通気穴（直径30cmくらい）を開けて、ビニールテープでふちどりする。

入り口もしっかりふちどりしておく。

33

ミラーおばけ

鏡をのぞくと、わあっ！
これは受けます、楽しめます！

わあ～
ビックリ～！

いろいろできるよ！

壁にかけたり、つるしたり……

作り方

黒いおばけ
鏡に色画用紙で目、口、手を作ってはりつける。

猫
スチレンカラーボードを猫の顔の形に切る。ミラー紙を丸く切ってはる。鼻は手芸用ポンポン、耳とひげは色画用紙で作ってはる。

鬼
鏡に色画用紙で角、ひげを作り、メッキモールで髪を作る。

鏡は100円ショップなどを活用して用意しよう！

影絵おばけ

ぼんやり、ゆ〜らり
影を使ってムードたっぷり。

おばけやしきの通路にも使えるよ！

18ページや29ページの草むらなどを背景に利用するとGOOD!!

裏の様子

材料
- 大きな白い紙（和紙など）
- 色画用紙
- カラーセロハン
- ライト
- 竹ひご

作り方

黒の色画用紙でおばけの形を作り、目と口をくりぬき、カラーセロハンをはりつける。

竹ひごの先にとめる。

ライトを近づけたり遠ざけたりして、影の大きさや映り方の違いを楽しんでね！

35

おばけ花

見た目がキュートな植物おばけ。ひゅるるっと出てくる動きに注目！

ふうっと息を吹き込めば

ぴろろろ～ん

材料
- 段ボール
- 色画用紙
- ストロー
- 紙コップ
- 丸い発泡スチロール（1個）
- ポリ傘袋
- モール

作り方

1 紙コップの底に穴を開ける。ポリ傘袋に油性ペンで模様をかき、口にストローをしっかりとめる。

2 底の穴からストローを出して、傘袋を紙コップの中に入れる。色画用紙で花びらを作り、紙コップにはりつける。

3 段ボールを細長く切り、紙コップが入る穴を切りぬいて、紙コップをはめこむ。丸い発泡スチロールを半分に切ってモールをつけ、目を作る。

葉っぱを色画用紙で作り、モールをつるのように飾る。

ジャンボ鬼

どこかユーモラスなふくふくジャンボ鬼。
節分の行事にも使えますよ。

ガオー

あばれちゃうぞ！

わぁ〜

手が上がるだけでも迫力の大きさだよ

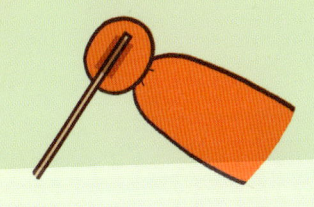

お部屋にペタンと座っているとかわいく見えるね

材料

- カラーポリ袋（赤／黄）
- アルミホイル
- エアパッキン（新聞紙）
- スズランテープ
- 棒（2本）
- 色画用紙
- 折り紙

作り方

1 パーツごとに大きさを変えたカラーポリ袋にエアパッキンをつめる。透明のテープで丁寧にはりあわせる。パンツの部分は、黄色のカラーポリ袋を使用し、色画用紙の模様をはりつける。

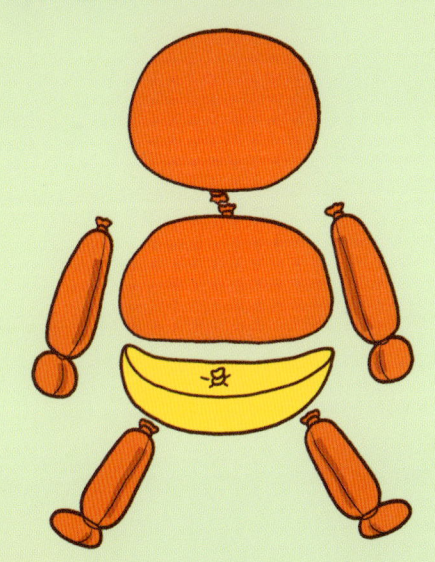

2 金色の目やキバ、口をはりつけ、スズランテープの髪をつける。アルミホイルで作った、角もつける。

3 手に棒をつける。

回転ドアおばけ

クルリと変わるしかけおばけ。
出てくるおばけによって、こわくも楽しくもできますよ。

きれいな
おひめさまねー

ひもを引っ張ると、
クルン！

草むらでしかけを隠すといいよ

ベロベロバ〜〜〜

うひゃあ！

材料
- 大きめの段ボール
- 色画用紙
- 旗立て台
- 毛糸（黄／茶）
- 白手袋
- ひも
- 画用紙
- ラシャ紙
- アルミホイル
- Tシャツ（白）
- 棒（1本）
- 29ページの草むらを使用

作り方

1 段ボールの周囲にアルミホイルで枠を作る。表面には、色画用紙や毛糸などでお姫様を作ってはる。

2 裏面には、Tシャツや毛糸、白手袋などでおばけを作ってはる。
段ボールの中央に棒を固定させて、旗立て台に立てる。棒にはひもをきっちりと巻いて、回転できるようにしておく。

39

ゆうれい船

ストーリー性のある
わくわくセット。

やったー

宝物をゲット!

40

船
大きめの段ボールを切りぬいて船の形に組み立てる。

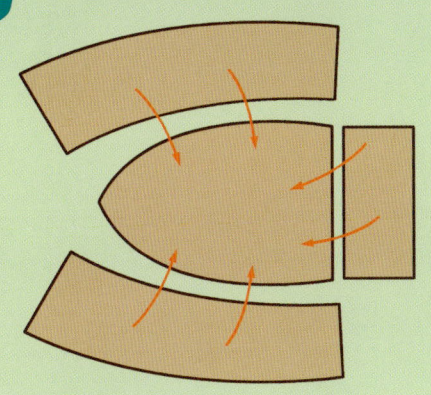

帆
黒い布を横棒に巻いてはり、下をギザギザにして旗らしくする。表側に画用紙で作ったドクロマークをはりつける。図のように、裏側で縦棒と横棒をひもでしっかり結び接着剤で固定し、旗立て台に立てる。

船長のドクロハット
黒の色画用紙に画用紙で作ったドクロマークをはる。

黄金のかんむり
金色の紙を王冠の形にし、飾りつけをする。

手芸用ボンボン

海へび
ポリ傘袋1枚にエアパッキンをつめ、先を折り曲げて口のような形を作る。目や舌、模様を色画用紙で作ってはる。

ジョーズ
段ボールにラシャ紙と色画用紙をはって作る。

宝箱
きれいな箱を用意し、中にビー玉やおもちゃのネックレス、57ページの剣などを入れてゴージャスに！

岩
四角のブロックを重ね、岩らしい色の布をかける。

波
三角のブロックを並べて、その上に青の布をかける。

41

おどる ガイコツ

いろいろなポーズを作れる愉快なガイコツ。
40ページのゆうれい船でも活躍します。

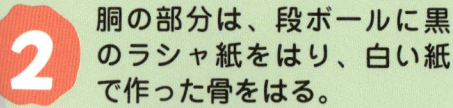

ブラックライトでピカッ！

材料

- 段ボール
- 画用紙など白い紙
- ラシャ紙
- うちわ
- トイレットペーパーの芯（8本）
- 棒（1本）
- たこ糸
- ブラックライト

※準備した白い紙がブラックライトでよく光るものか、事前に確認しておきましょう。

作り方

1 ドクロをかいた白い紙をうちわにはり、棒の先にとめる。

2 胴の部分は、段ボールに黒のラシャ紙をはり、白い紙で作った骨をはる。

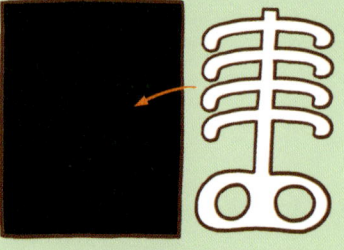

3 白い紙で骨の形を作って、トイレットペーパーの芯にはる。それを手と足のように、たこ糸でつなぐ。

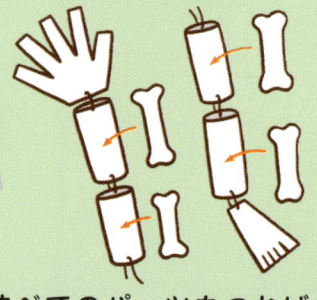

すべてのパーツをつなげたら完成！

おばけになろう

のっぺらぼうに、ガイコツマン
おばけになりきるドキドキ感と演じる楽しさは、
きっと、とっておきの体験になりますよ。

のっぺらぼう

シンプルなおばけの定番。
ゆかたで、本物っぽさを演出しましょう。

クルッと回ると

顔がない!!

材料
- 紙皿
- 色画用紙
- 工作用紙
- 輪ゴム
- 子ども用ゆかた・帯

作り方

1 色画用紙で作った舌を紙皿にはりつける。工作用紙を帯状に切りとり、輪ゴムをつなげたもので両端をとめる。

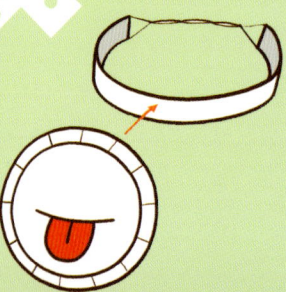

2 ゆかたを前後逆に着つける。

他にもいろんな顔ができるよ

百目おばけ

目がいっぱいの妖怪チャンピオン！
目のほかにも、いろんな工夫ができますよ。

シャラララララ～

ヒュロロロロロ～

材料
- カラー工作用紙
- スズランテープ
- 画用紙
- 色画用紙
- 輪ゴム

作り方

百目おばけ

カラー工作用紙と輪ゴムで、サンバイザーを作る。
スズランテープをサンバイザーの裏側にはる。
たくさんの目をスズランテープにはる。

べろべろおばけ

カラー工作用紙で、とんがり傘を作る。
スズランテープを傘の裏側にはり、色画用紙で作ったたくさんの舌をはる。

45

バケぎつね

とってもかわいい和のおばけ。
きつねのポーズは、みんなで「コーン！」

コーン！

コーン！

たのしそう……

材料
- 不織布
- 手芸用ボンボン(1個)
- 色画用紙
- 工作用紙
- 腰ひも
- モール

作り方

1 不織布を子どもの大きさにあわせ切り込みを入れる。
ホッチキスか両面テープで両脇と両袖をはりあわせ、裏返す。

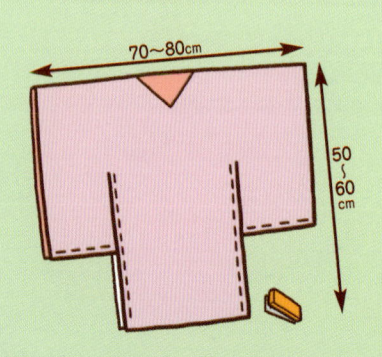

70〜80cm
50〜60cm

2 色画用紙とモール、ボンボンでお面を作り、頭にかぶれるよう工作用紙で作った輪っかをつける。

手芸用ボンボン
モール

46

からかさおばけ

あらよっ

ぴょこんとはねたり、おどったり。
なんともユニークなおばけです。

材料
- ラシャ紙（2枚）
- カラフルなビニールテープ
- 色画用紙

作り方

1 ラシャ紙を図のように対角に折って、また半分に折る。

斜線部分を切りとる。

2 ①を2枚作り、はりあわせる。

はりあわせる

はりあわせる

3 顔と腕の通る穴を開け、色画用紙で作った舌や傘の頭の飾りをはる。傘の模様のようにビニールテープをはる。

47

シーツおばけ

古いシーツが、おばけに！
シンプルさが魅力のおばけです。

材料
- 使い古しのシーツ
- 画用紙
- 色画用紙
- 椅子

見た目はかわいい椅子

相手から見えないように

シーツをかぶって穴から顔を出し、後ろに隠れて……

キャー！

座った人を驚かしちゃう！

作り方

1 顔が出せる穴をシーツに開けておく。

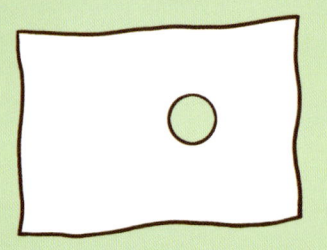

2 椅子の背部分に画用紙と色画用紙で作った目と口をつける。

カラービニールおばけ

ちょっとぐらい
ぬれても大丈夫。
カラフルなエプロンとしても
活躍できそう。

グワオー

ピンクでかわいいおばけも！

材料
- カラーポリ袋
- 画用紙
- 色画用紙

作り方

大きなカラーポリ袋から切りとる。

目と口を色画用紙で作り、はりつける。

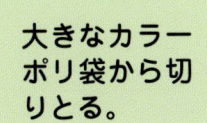

カラーポリ袋を手の形に切ってつける。

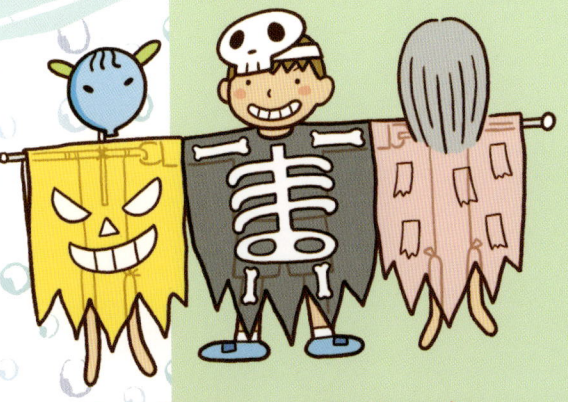

こんなのも、できちゃう！

ぬりかべ

動くぬりかべ、カラフルなぬりかべ……。
いろいろなぬりかべを作って遊ぼう。

とおせんぼう！

材料
- エアパッキン
- スズランテープ
- ラシャ紙
- アルミホイル
- 段ボール
- 工作用紙

作り方

カラフルぬりかべ

エアパッキンを袋状にして、顔を出す穴を開ける。
体と手の部分をそれぞれ作り、はりあわせる。

スズランテープで飾りつけ。

爪はアルミホイルで作る。

段ボールぬりかべ

顔の穴を開けた段ボールの表にグレーのラシャ紙をはって壁らしくする。
裏側に頭をおさえるための工作用紙をはる。

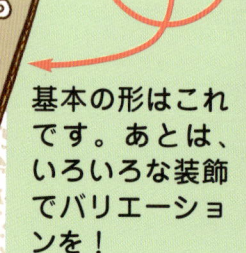

基本の形はこれです。あとは、いろいろな装飾でバリエーションを！

（裏側）

古井戸おばけ

おばけの中のおばけです！
井戸の中から出てくるだけで本当にこわ～い。

おばけだぞ～おおぉ…

だれかこないかな…

材料

- 大きな段ボール箱
- 色画用紙
- 毛糸
- 画用紙
- 長襦袢・帯
- ひも
- 29ページの柳を使用

作り方

1 長襦袢がなければ、白いシーツや不織布などで衣装を作る。（46ページを参考に）

2 毛糸の束と、画用紙でかぶりものを作る。

3 段ボールに色画用紙をはり、井戸の模様を作る。柳を背景に置く。

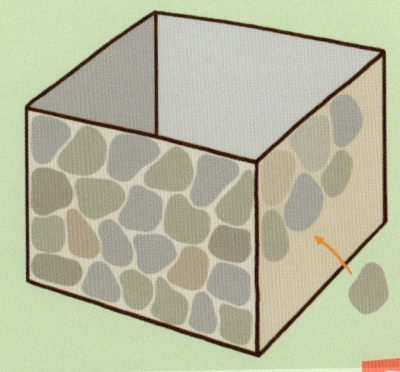

51

かわいい鬼さん

ふだんの服にひと工夫で、
元気な鬼さんに！
劇や節分でも活躍できそうです。

お面をかぶっても
いい！

材料
- 色画用紙
- Tシャツ（赤や青）
- タイツ（赤や青）
- メッキモール
- ヘアバンド
- 黒のパンツ
- ビニールテープ（黄）

作り方

1 ヘアバンドにメッキモールと、色画用紙で作った角をつける。

2 黒のパンツに黄色のビニールテープを縞のようにはりつける。

3 黒の色画用紙を丸めて、そこに小さなとげを作ってはり込む。

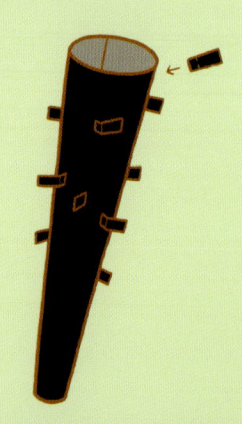

ガイコツマン

ブラックライトを活かしたおばけ。
動いたとき骨がよく見えるように！

ブラックライトで

白い骨がピカッ！

再生紙など、光らない紙もあります。
ブラックライトで光るかどうか試してから作るのが確実です。

材料
- 黒い服（上下）
- 白手袋
- ブラックライト
- 黒の帽子
- 画用紙など白い紙

作り方

1 ガイコツの顔を作り、黒の帽子にはる。

2 黒の洋服に白い紙で作った骨の形をはり込み、白手袋をはめる。

紙を洋服にはるときは、強力両面テープがおすすめ！

魔女

呪文を唱えたり、
あやしい魔法の薬を作ったり
魔女の演出を考えるのも
楽しそうです。

アブラカダブラ
アブラカダブラ

ハロウィンなどでも
大活躍！

かわいい魔女さん！

材料
- ラシャ紙（黒）
- 不織布（黒）
- 紙粘土
- 毛糸（栗色）
- 短いほうき
- ひも

作り方

1 黒のラシャ紙で、とんがり帽子を作る。
帽子の裏側に髪になる毛糸をはる。

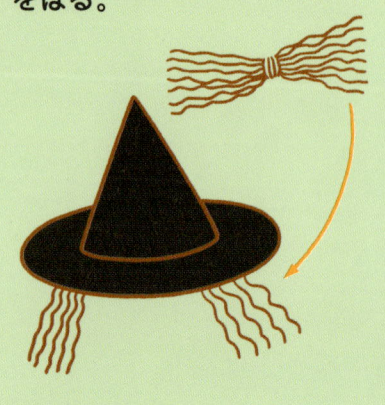

2 黒の不織布で、マントを作る。

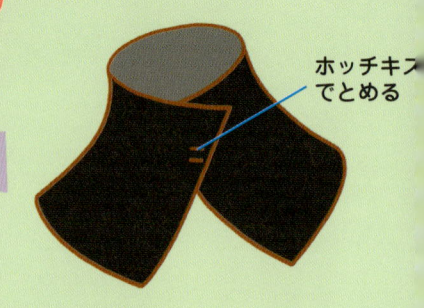

ホッチキスでとめる

3 紙粘土でドクロや骨を作り、ひもに通してネックレスにする。

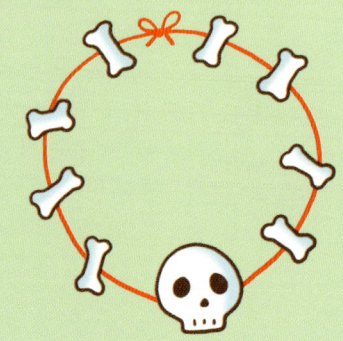

54

こなきじじい

おもしろ妖怪にたちまち変身。
「おぎゃあ」と泣き声が聞こえそう……！

おぎゃあ！

おぎゃあ！

首が苦しくならないように、ひもを体の前で交差させてから背中に回して結ぶよ

材料
- 肌色の布
- 色画用紙
- スズランテープ（黄）
- 画用紙
- 不織布（赤）
- ひも

作り方

1 肌色の布をバンダナ風に頭に巻く。
色画用紙で髪を作り、左右にはる。

2 赤の不織布に画用紙で作った文字をはり、ひもをつけて、体にあうように着せる。スズランテープでみのを作り、着せる。

ここに角がくるように

スズランテープをほぐして、ポンポンを作る方法で、みののようにする。

55

伝説のドラゴン

さあ、ドラゴン退治に出発だ！

冒険ムードをかきたてる、ドラマチックなセット。

岩はブロックの上に、黒っぽい布をかけるだけ！

いくぞ！

草むらは、29ページの作り方と同じよ

骨はラップの芯とティッシュペーパーで作るよ。仕上げには、ポリ袋でカバーをしよう！

材料

- 運動マット
- 段ボール
- 棒（2本）
- ラップの芯
- ラシャ紙
- 丸い発泡スチロール（1個）
- アルミホイル
- カップ麺の容器
- 岩用の布
- 新聞紙
- 三角錐の発泡スチロール（2個）
- スポンジ
- ティッシュペーパー
- 四角のブロック
- 色画用紙
- 不織布（緑／黒）
- 透明ポリ袋
- モール
- ひも

作り方

ドラゴン

首 新聞紙を巻いたものをラシャ紙でくるんで、胴に乗せる。

手 段ボールに色画用紙をはって作る。

足 首と同様にして作る。

胴 運動マットを巻いて、ひもでしっかりしばり、その上をラシャ紙でくるむ。

顔 段ボールを真ん中で折って、開閉できるように作り、丸い発泡スチロールを半分に切った目をつける。内側には赤いラシャ紙で舌を、三角錐の発泡スチロールでキバを作る。

スポンジの飾り
モール

羽 不織布を羽のように切って左右の羽を作り、棒に巻きつける。

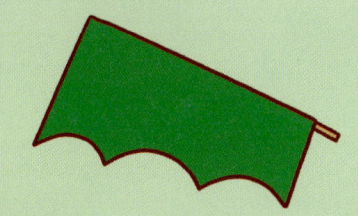

しっぽ 首と同様に作り、先端を細くしていく。三角に切ったスポンジを背びれ状に並べる。首にも同様にスポンジをつける。

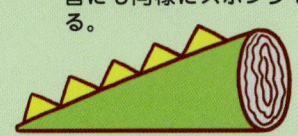

騎士

帽子 カップ麺の容器にアルミホイルを巻き、色画用紙で作った羽飾りや、模様をはりつける。左右には工作用紙にアルミホイルを巻いて作った耳あてをつける。

剣 段ボールで剣の形を作り、アルミホイルを巻く。

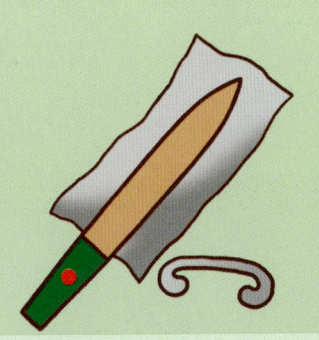

盾 段ボールで盾の形を作り、アルミホイルを巻く。表には色画用紙の模様を、裏にはしっかりとした持ち手をつける。

黒い不織布を洋服にとめると、かっこいいマントになるよ！

ドラキュラマンとコウモリちゃん

ドラキュラ族の仲間たち。
男の子と女の子、
どちらもかっこいい！

おもちゃのメガネで、雰囲気満点

せっかくだから、全部黒っぽい服で決めてみて

作り方

ドラキュラマン
黒か紺の水泳帽に黒の色画用紙で耳をつける。
黒の不織布を丸く切って首の穴を開け、胸には画用紙で作った白のシャツと赤の蝶ネクタイをはる。
プラスチックのグラスを赤いセロハンで包む。

靴 黒の不織布をホッチキスでとめて作る。

コウモリステッキ
黒スポンジに色画用紙で作った顔と羽をつけて、コウモリを作る。
棒の先にひもをつけてつるす。

コウモリちゃん
ヘアバンドに色画用紙で作った耳と赤いリボンをつける。
黒の不織布で羽と衣装を作り、それぞれをしっかりとめておく。ウエストに黒リボンを巻く。

おばけと遊ぼう

作ったり、なりきったりしたら
こんどはおばけで思いっきり遊んじゃおう。
おばけの遊びが盛り上がる工夫をご紹介します。

いりぐち

通路

安全に楽しく遊べるような工夫をしましょう。

段ボール
必須アイテムです。大きめのものを集めておきましょう。

ブロック
ガムテープではってとめましょう。どんな形にも自由自在に。

ホワイトボード
ホワイトボードも紙をはったり、布をたらして活用。

エアパッキン
袋状にしてもぐっても、上を通過してもOK。

水の入ったペットボトルを中につめた段ボールなど、重さのあるものでしっかり支える

段ボールやベニヤ板を立てるとき、椅子をうまく活用しましょう

段ボールをはりあわせて大きくしても

暗幕や布も利用して！

段ボールのトンネル
別のコーナーへの近道として楽しさアップ！

ポリ袋
ふんわりと丸めた新聞紙をつめて、ガムテープでつなぐ。柔らかいので、ぶつかっても大丈夫！

床

足元でもビックリは演出できます。
ところどころに入れて、アクセントにしましょう。
はだしになれば、より効果抜群！

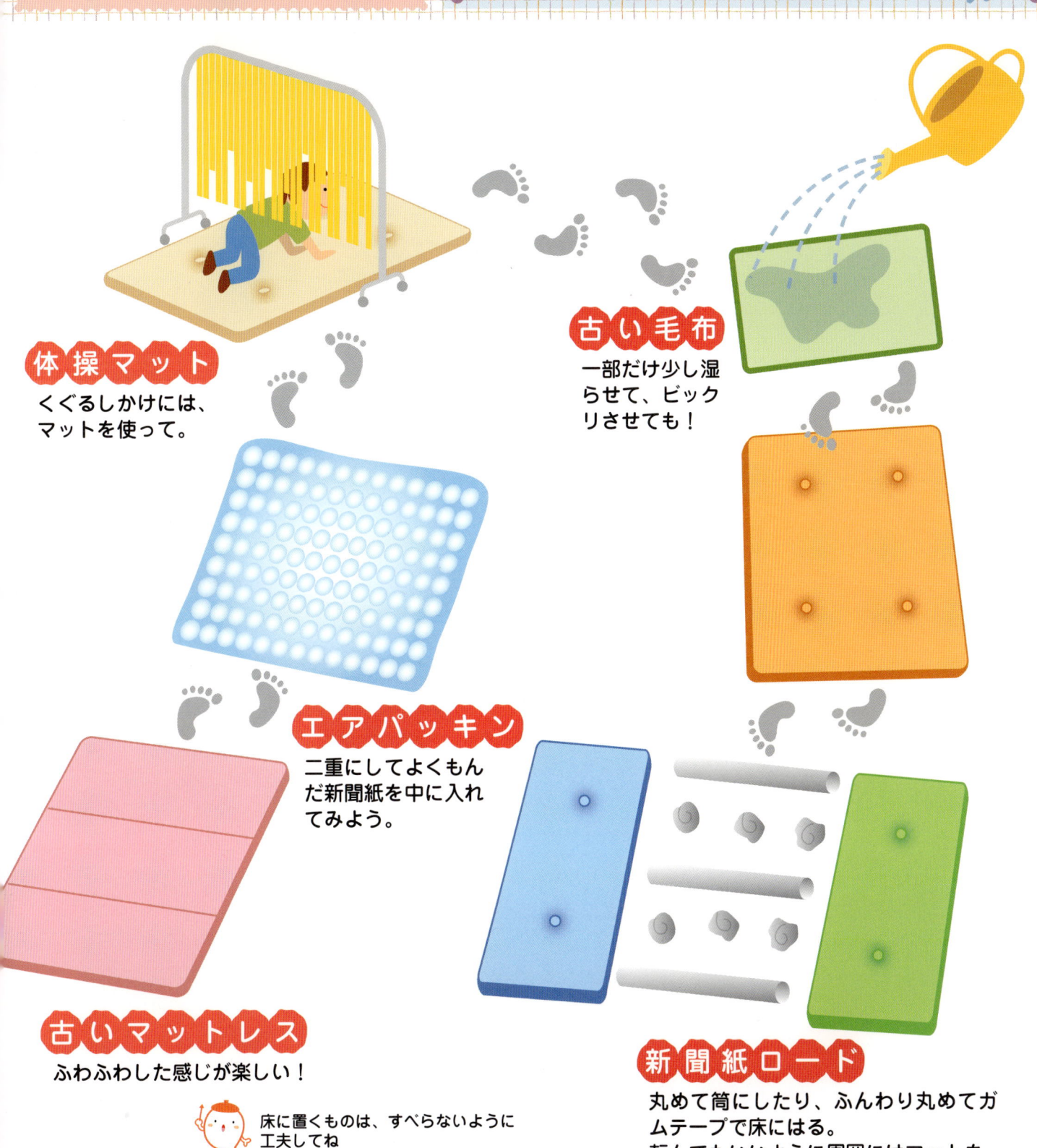

体操マット
くぐるしかけには、マットを使って。

古い毛布
一部だけ少し湿らせて、ビックリさせても！

エアパッキン
二重にしてよくもんだ新聞紙を中に入れてみよう。

古いマットレス
ふわふわした感じが楽しい！

新聞紙ロード
丸めて筒にしたり、ふんわり丸めてガムテープで床にはる。
転んでもいいように周囲にはマットを。

床に置くものは、すべらないように工夫してね

壁

いつもの壁にひと工夫で、雰囲気がぐ〜んと増します。

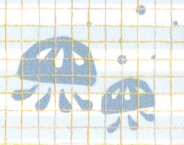

壁を全部隠さなくても、ところどころにこんな工夫を

ふろしきや布

棒を通してもOK

古い着物

手ぬぐい

いろいろな素材をはってみよう

巻いた段ボール

スズランテープ

子どものかいたおばけの絵

窓にも工夫を！

定番の暗幕！

黒のラシャ紙をはって、ステンドグラスみたいに。

あまり暗くしたくないときは、黒いシルエットをはって。

入口・出口

入口は別世界への扉。楽しく演出しましょう。

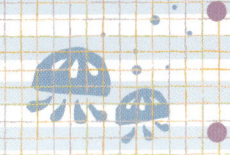

こわがりやさんに！

入りやすいふんわりとした薄い素材のカーテンなど。

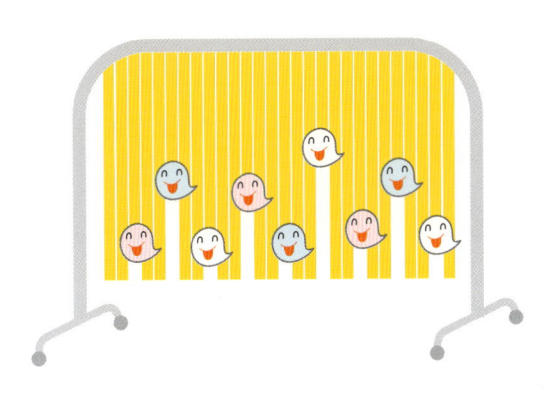

ハンガーラックなどにスズランテープや小物をつるして。

ドキドキ入口

段ボールに小さなくぐり口をつけ、開けてから入る形に。

暗幕を入口にも利用して。

段ボールをくぐるのは、ドキドキ感いっぱい。

その1 おばけやしきを作ってみよう

小さい子でもOK！

明るいままでも楽しめます

ちょっとだけドキドキの 楽しいおばけやしき

かわいい

こわがりやさんルート

だいじょうぶ

いりぐち

壁はしっかりと固定させます

64

♪ 音楽は明るく楽しいもので

子どもの絵を飾っておきましょう

ポン
キャッ
ここから出入りができます
わぁい
でぐち

おばけがちょっと苦手な子の逃げ道も、確保しておきましょう。通路も単純でわかりやすく！

その2 おばけやしきを作ってみよう

年長さん歓迎

ドキドキおばけやしき

ブラックライトを使ったり、近道になるトンネルを使ったり！

ブラックライトを使用するためこのコーナーは暗くします

ブラックライト

ぴちゃ
ぴちゃ

ここから出入りができます

いりぐち

こんな段ボールをくぐる近道も！

こわかったぁ

ちかみち
光テープ

わぁ！

部分的に暗くして、ちょっとグレードアップのおばけやしき

でぐち

子どもがお客さんとおばけのどちらも体験できるように工夫しましょう

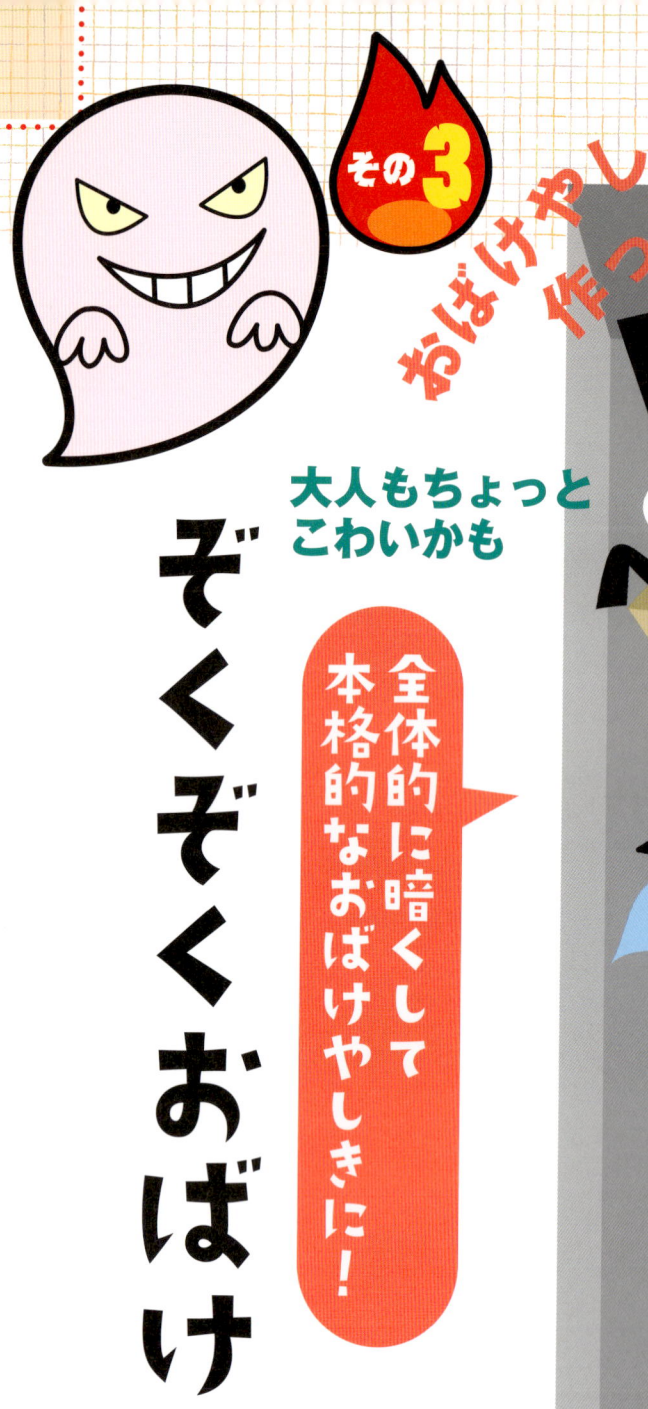

その3 おばけやしきを作ってみよう

ぞくぞくおばけやしき

大人もちょっとこわいかも

全体的に暗くして本格的なおばけやしきに！

ブラックライト
蛍光テープ
すご〜い
こわがりやさんルート
いりぐち

和のテイストのコーナーを作るのもオススメ！

ぬれた
タオル

でぐち

さらに楽しめる
工夫として

★隠れている
文字を探し集めて、
キーワードを当てる
ゲームができます。

このイラストのお
ばけやしきの中に
は「お」「ば」「け」
「や」「し」「き」の
6文字のカードが
隠れています。

ここから
出入りが
できます

要所要所に
大人がスタ
ンバイ！

69

さらにこんなことも！

こわーい音の効果音CDもうまく使ってみよう。

音
効果音で盛り上げよう！

ピー
ヒョロー♪

ピチャ
ピチャ

コツ
コツ

触感
冷たく感じるもの、ふわっとしたものが触れるとさらにドキッとします。

ぬれぶきん

ビニール手袋

ふわふわのハンディモップ

こわがりやさん対策も

こわがりやさんがいるときは、ほっとする優しい音楽を小さく流しましょう。

オルゴールの曲！
聞き慣れた曲！
楽しい曲！

勇気の腕輪
お守りグッズを作って持たせてあげましょう。

真っ暗にならないように照明の工夫を。

イラストもかわいいおばけに。

70

楽しかった思い出に、
出口でこんなペンダントを
かけてあげよう！

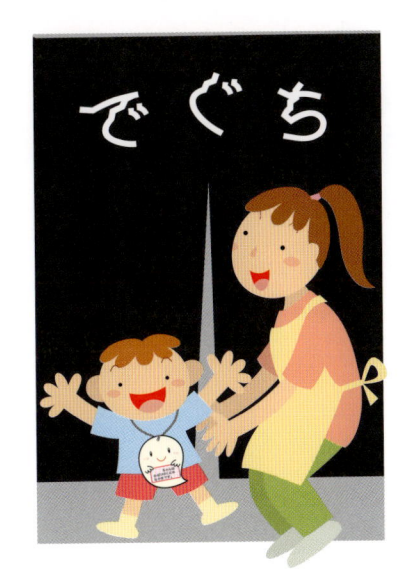

＊コピーしてご使用ください。

ちゃんは
おばけのくにの
なかまです。

おばけで遊ぶときには こんなところに注意しましょう

- 暗いところでは、子どもたちが走ったり押したりしないようにしましょう。
- おばけやしきの中も大人の目が届くように。
- 暗くて見えにくい状態になるので、足元への配慮を忘れずに。
- 逃げ道を作ったり大人が一緒に入ってつき添うなど、こわがりやさんへの気配りをしてあげましょう。
- どうしても入れない子には、無理強いしないで。
- ついつい盛り上がって、子どもをこわがらせすぎないようにしましょう。

著者紹介

[製作物アイデア・構成]
山本和子

東洋英和女学院短期大学保育科卒業。童話作家。書籍、月刊誌、紙芝居等で活躍するとともに、工作案・製作も手がける。作品に『おばけのなつやすみ』（ＰＨＰ研究所）、絵本の翻訳に『ちきゅうのためにできる10のこと』（チャイルド本社）など。

[製作・イラスト]
あさいかなえ

武蔵野美術大学視覚伝達デザイン学科卒業。株式会社サンエックスのキャラクターデザイナーを経てフリー。粘土で作る立体イラストと平面イラストの両分野で活躍中。
http://www.jade.dti.ne.jp/~asai/

- 製作物アイデア・構成／山本和子
- 製作／あさいかなえ
- 本文イラスト／あさいかなえ
- 撮影／竹中博信（スタジオエッグ）
- 表紙・本文デザイン／本澤博子
- モデル／沖野藍香、高橋佑旗、野牛元揮、藤縄涼颯、三田和宏（ジョビィキッズ・プロダクション）
- 撮影協力／仲町幼稚園
- 編集協力／大久保徳久子
- 編集担当／石山哲郎、平山滋子

おばけ大集合
おばけやしきを作っちゃおう！

2008年4月20日　初版第1刷発行
2014年7月　　　第3刷発行

著　者／山本和子、あさいかなえ
　　　　©Kazuko Yamamoto , Kanae Asai 2008
発行人／浅香俊二
発行所／株式会社チャイルド本社
　　　　〒112-8512　東京都文京区小石川5-24-21
電　話／03-3813-2141（営業）03-3813-9445（編集）
振　替／00100-4-38410
印刷所／共同印刷株式会社
製本所／一色製本株式会社
ISBN978-4-8054-0116-3 C2037
NDC376　26×21cm　72P

乱丁・落丁本はお取り替えいたします。
本書の内容の一部あるいは全部を無断で複写複製することは、法律で認められた場合を除き、著作権者及び出版社の権利の侵害となりますので、その場合は予め小社あて許諾を求めてください。

● チャイルド本社ホームページアドレス ●
http://www.childbook.co.jp/
チャイルドブックや保育図書の情報が盛りだくさん。
どうぞご利用ください。